BEI GRIN MACHT SICH IHR
WISSEN BEZAHLT

AF136053

- Wir veröffentlichen Ihre Hausarbeit,
  Bachelor- und Masterarbeit

- Ihr eigenes eBook und Buch -
  weltweit in allen wichtigen Shops

- Verdienen Sie an jedem Verkauf

Jetzt bei www.GRIN.com hochladen
und kostenlos publizieren

Fördert die Arbeitslosigkeit psychische Erkrankungen?

Nina Forster

Bibliografische Information der Deutschen Nationalbibliothek:

Die Deutsche Nationalbibliothek verzeichnet diese Publikation in der Deutschen Nationalbibliografie; detaillierte bibliografische Daten sind im Internet über http://dnb.d-nb.de abrufbar.

ISBN: 9783346575357
Dieses Buch ist auch als E-Book erhältlich.

© GRIN Publishing GmbH
Nymphenburger Straße 86
80636 München

Druck und Bindung: Books on Demand GmbH, Norderstedt Germany
Gedruckt auf säurefreiem Papier aus verantwortungsvollen Quellen

Das vorliegende Werk wurde sorgfältig erarbeitet. Dennoch übernehmen Autoren und Verlag für die Richtigkeit von Angaben, Hinweisen, Links und Ratschlägen sowie eventuelle Druckfehler keine Haftung.

Das Buch bei GRIN: https://www.grin.com/document/1165945

Hochschule Kempten

Hochschule für angewandte Wissenschaften

Studiengang: Sozialwirtschaft (B.A.)

Lehrveranstaltung: Einführung in das wissenschaftliche Arbeiten

Thema: Fördert die Arbeitslosigkeit psychische Erkrankungen?

Abgabedatum: 20.12.2018

Verfasser: Nina Forster

Vorbemerkung

Aus Gründen der leichteren Lesbarkeit wird in der vorliegenden Literaturrecherche die gewohnte männliche Sprachform bei personenbezogenen
Substantiven und Pronomen verwendet. Dies impliziert jedoch keine Benach-
teiligung des weiblichen Geschlechts, sondern soll im Sinne der sprachlichen
Vereinfachung als geschlechtsneutral zu verstehen sein.

Inhaltsverzeichnis

1 Abbildungsverzeichnis 4

2 Zielsetzung der Literaturrecherche 5

3 Aufbau und Struktur der Literaturrecherche 6

4 Darstellung der Methode und der Ergebnisse 6

   4.1   Recherche in Datenbanken 7

   4.2   Darstellung der Ergebnisse 8

5 Resümee 12

6 Literaturverzeichnis 13

1 Abbildungsverzeichnis

Abbildung 1: Arbeitslosenquote in Deutschland von November 2017 bis November 2018 (Aus Statista 2018, o. S.).. 9

Abbildung 2: Prozentuale Verteilung des Krankenstandes zwischen Arbeitslosen und Erwerbstätigen (Aus Hollederer 2011, S. 144) 10

2 Zielsetzung der Literaturrecherche

„Die unbegrenzte Zeit die keine Struktur hat, wo nichts wirklich geschehen muss, die unbegrenzte Zeit ist nicht Freizeit, sie ist eine ungeheurere seelische Belastung, die den Menschen nur zeigt, dass sie nicht gebraucht werden, dass sie mit ihrer Zeit nichts tun können, das irgendeinen Wert hat, die die Menschen dazu zwingt, sich als Ausgestoßene von der gesamten Gesellschaft zu fühlen" (Gündel u. a. 2014, S. 15, zit. nach Marie Jahoda 1983, o. S.).

Die Sozialpsychologin Marie Jahoda zeigt in dem oben genannten Zitat von 1983 schon auf, wie sie sich damals als Arbeitslose in der Gesellschaft gefühlt hat und weist darauf hin, wie unsere Gesellschaft die Arbeitslosen „ausgrenzt" und als Minderheit behandelt.

Durch immer weiter steigende Arbeitslosenzahlen ist die Arbeitslosigkeit in den letzten Jahren in den Mittelpunkt wirtschaftlicher und gesellschaftlicher Überlegungen gerückt. Nicht nur in Deutschland, sondern in ganz Europa ist die Arbeitslosigkeit zu einem wichtigen gesellschaftspolitischen Problem geworden (vgl. Egger u. a. 2006, o. S.).

Mit der Ausweitung des Niedriglohnsektor und der sozialen Gruppierungen die aufgrund ihrer Lebensumstände sozial abgestiegen bzw. von einem sozialen Abstieg bedroht sind, spaltet sich die jetzige Arbeitswelt in einen Bereich gut bezahlter und sicherer Arbeit und einem anderen Bereich mit unterfordernder und nicht-existenzsichernder Arbeit (vgl. Hardering 2017, o. S.).

Da der Strukturwandel der Arbeit die Psyche der Menschen nicht unberührt lässt, ist in der vorliegenden strukturierten Literaturrecherche das Ziel aufzuzeigen, ob die Erwerbslosen durch die Arbeitslosigkeit psychische Erkrankungen erleiden und die Krankheit damit fördern.

Die bisherige Forschung zeigte, dass es deutliche Zusammenhänge zwischen der Arbeitslosigkeit und physischen bzw. psychischen Gesundheitsrisiken gibt. In der folgenden Literaturrecherche wird die Kausalitätsthese, ob Arbeitslosigkeit krankmacht, näher beleuchtet.

3 Aufbau und Struktur der Literaturrecherche

Der Aufbau und die Struktur der Literaturrecherche wurden chronologisch geordnet. Die Definition der zentralen Begriffe wird im nachfolgenden Kapitel dargestellt und dient zur Grundlage des besseren Verständnisses. In Kapitel 3.2 wird die Vorgehensweise nach themenrelevanter Literatur aufgezeigt und das darauffolgende Kapitel beschreibt die aktuelle Situation und begründet die Fragestellung.

In der heutigen Zeit war schon fast jeder mal arbeitslos, aufgrund verschiedener Gründe und Situationen. Sei es wegen Eigenkündigung, Arbeitgeberkündigung, Zeit zwischen Ausbildung und weiterführende Schule oder Studium oder einfach keine Lust auf Arbeiten. Ich habe dieses Thema gewählt, da ich durch ein neues Format im Fernsehen darauf aufmerksam geworden bin, wie leicht man in die Arbeitslosigkeit aufgrund einer Erkrankung rutschen kann und was die Erwerbslosigkeit, besonders über einen längeren Zeitraum, für Auswirkungen auf die Psyche haben kann.

4 Darstellung der Methode und der Ergebnisse

Die beiden Begriffe „Arbeitslose (arbeitslose Arbeitsuchende)" (Bundesagentur für Arbeit 2018, S. 6) und „Erwerbslose" werden häufig miteinander verwendet bzw. auch oft verwechselt, dabei sind die beiden Begriffe unterschiedlich definiert.

Als Erwerbslose gelten nach dem Erwerbskonzept der International Labour Organisation alle Personen im erwerbsfähigen Alter, die in einem definierten Zeitraum nicht erwerbstätig waren, aber in den vergangenen vier Wochen aktiv nach einer Tätigkeit gesucht haben und innerhalb von zwei Wochen für die neue Tätigkeit zur Verfügung stehen. Eine Meldung bei der Agentur für Arbeit oder einem Träger der Grundsicherung für Arbeitssuchende (Jobcenter) ist nicht notwendig (vgl. Bundesagentur für Arbeit 2018, S. 26).

Arbeitslosigkeit ist im Sozialgesetzbuch (SBG) definiert. Laut §16 Abs. 1 SGB III sind Arbeitslose Personen, die vorübergehend nicht in einem Beschäftigungsverhältnis stehen, eine versicherungspflichtige Beschäftigung suchen, dabei den Vermittlungsbemühungen der Agentur für Arbeit zur Verfügung stehen und sich bei der Agentur für Arbeit als arbeitslos gemeldet haben (vgl. Bundesagentur für Arbeit, 2016, o. S.).

„Arbeitslosengeld wird Arbeitslosen als Lohnersatzleistung anstelle des ausfallenden Arbeitsentgeltes gezahlt" (Bundesagentur für Arbeit 2018, S. 7) und wird in zwei Einordnungen aufgeteilt.

Arbeitslosengeld I ist eine Versicherungsleistung und unabhängig von den Ersparnissen. Der Arbeitslose hat nur Anspruch darauf, wenn er innerhalb von zwei Jahren mindestens zwölf Monate gearbeitet und in die Arbeitslosenversicherung eingezahlt hat. Eine Nebentätigkeit ist nur bis maximal 15 Wochenstunden erlaubt, ansonsten gilt man nicht als arbeitslos (vgl. Bundesagentur für Arbeit o. S.).

Arbeitslosengeld II, auch besser bekannt unter Hartz IV, wird auch dann gezahlt, wenn das übliche Gehalt nicht ausreicht um den Lebensunterhalt zu sichern. Anders als beim Arbeitslosengeld I wird hier darauf geachtet, welche Ersparnisse die bedürftige Person hat. Außerdem besteht der Anspruch nur so lange, wie der Empfänger arbeitslos gemeldet ist (vgl. Bundesagentur für Arbeit o. S.).

Um eine Stigmatisierung zu vermeiden, wurde der Begriff Psychische Störung anstelle des Begriffs psychische Erkrankungen eingeführt. Nach der Definition der Weltgesundheitsorganisation ist Störung gleichzusetzten mit einer Krankheit. Man versteht darunter eine erhebliche, krankheitswenige Abweichung vom Erleben oder Verhalten. Konkret betroffen sind die Bereiche des Denkens, der Wahrnehmung, des Fühlens und des Handelns. Als weiteres Kriterium für eine Diagnose psychischer Störungen wird neben der Abweichung von der Norm häufig auch psychisches Leid auf Seiten der Betroffenen vorausgesetzt (vgl. Ebermann/Plath 2018, o. S.).

4.1 Recherche in Datenbanken

Bei der Suche nach themenzugehöriger Literatur wurden Datenbanken, sowie das Internet zur Hilfe genommen. Ausgewählt wurden die Datenbanken WISO, PUBMED NLM und Springer Link, da sie Datenbestände im sozialen Bereich beinhalten.

Um Ergebnisse zu erhalten und mit ihnen arbeiten zu können, wurde nach folgenden Suchbegriffen gesucht:

- Arbeitslosigkeit macht krank
- Arbeitslosigkeit
- Erwerbslosigkeit
- Unemployment
- Arbeitslosigkeit und Gesundheit
- Psychische Erkrankungen

Genutzt wurden die Bestände der Fachhochschulbibliothek in Kempten. Bei der Recherche im Internet wurde die Suchmaschine „Google Scholar" und das Statistikprogramm „Statista" genutzt.

4.2 Darstellung der Ergebnisse

Die Gesundheitsbelastenden Folgen von Arbeitslosigkeit sind Gegenstand wissenschaftlicher Untersuchungen, da die Arbeitslosigkeit im Zuge der Industrialisierung erstmals als Massenphänomen auftrat (vgl. Hollederer 2009, S. 16).

Aufgrund der Ölkrise, kam es Mitte der Siebziger Jahre, zu einem ersten starken Anstieg der Arbeitslosigkeit, die zu der Zeit erstmals die Millionengrenze überschritt (vgl. Klein 2003, S. 103).

Die untenstehende Statistik zeigt die Arbeitslosenquote in Deutschland von November 2017 bis November 2018. Im letzten gemessenen Monat betrug die Arbeitslosenquote 4.8 %. Laut Experten ist das die niedrigste Quote seit 1991 (vlg. Bundesagentur für Arbeit 2018, o. S.).

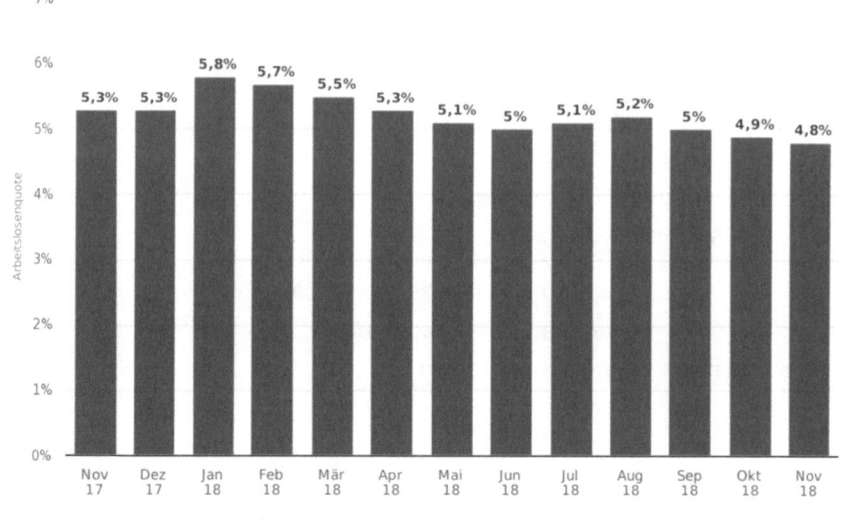

Abbildung 1: Arbeitslosenquote in Deutschland von November 2017 bis November 2018 (Aus Statista 2018, o. S.)

Die Gesundheitsunterschiede zwischen Arbeitslosen und Beschäftigten können auf unterschiedliche Weisen zu Stande kommen. Eine Reihe von Theorien versucht vor allem die kausale Wirkung von Arbeitslosigkeit auf die Gesundheit zu erklären. Zu den bedeuteten theoretischen Ansätzen zählen u. a. :

- „eine „psychische Deprivation" aufgrund des Wegfalls der manifesten und latenten Funktionen durch den Arbeitsplatzverlust" (Hollederer 2009, S. 19, Hervorhebung im Original, zit. nach Jahoda 1983, o. S.)
- „eine „finanzielle Deprivation" und Handlungsrestriktionen durch Belastungen und Verarmungsprozesse in der Arbeitslosigkeit" (ebd., S. 19, Hervorhebung im Original, zit. nach Freyer 1986, o. S.)
- „Konzepte mit Arbeitslosigkeit als stresshafte Lebensphase" (ebd., S. 19, zit. nach Lazarus 1996, o. S.)
- „mit Arbeitslosigkeit verbundene soziale Stigmatisierungskonzepte" (ebd., S. 19, zit. nach Goffman 1967, o. S.)

Wie man in der untenstehenden Statistik auch gut erkennen kann, bestehen nach dem heutigen Forschungsstand durch Arbeitslosigkeit verursachte Gesundheitsbeeinträchtigungen parallel zu den Selektionseffekten auf dem Arbeitsmarkt. Arbeitssuchende Personen weisen eine wesentlich höhere Morbidität auf als Erwerbstätige, wobei der Unterschied in mittleren bis höheren Altersklassen besonders stark auffällt (vgl. Hollederer 2009, S. 144). Die Kausalitätshypothese wird durch die Untersuchungen mit Wechsel zwischen dem Erwerbsstatus und der Arbeitslosigkeit stark geschützt (vgl. Hollederer 2009, S. 20).

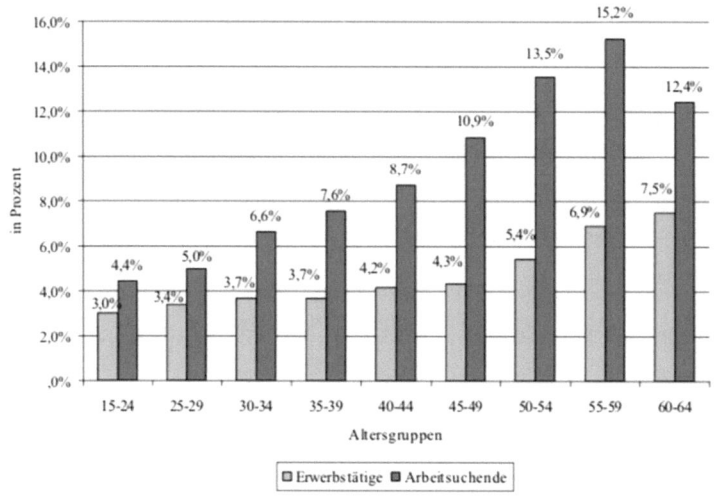

Abbildung 2: Prozentuale Verteilung des Krankenstandes zwischen Arbeitslosen und Erwerbstätigen (Aus Hollederer 2011, S. 144)

Gemäß den bisherigen Studien zufolge, verringert sich die Lebenszufriedenheit bereits vor dem eigentlichen Arbeitsplatzverlust (vgl. Esche 2017, S. 100).

Bereits die Arbeitsplatzsicherheit ist mit einem häufigen Auftreten von Gesundheitsproblemen assoziiert. Beschäftigte, die ihren eigenen Arbeitsplatz als gefährdet ansehen, weisen ein deutlich erhöhtes Risiko für psychische Erkrankungen auf, als Erwerbstätige in ungefährdeten Beschäftigungsverhältnissen (vgl. Lampert u. a. 2018, o. S.). Auch lässt sich feststellen, dass entsprechende Personen die bereits in der Vergangenheit arbeitslos gewesen sind, ein geringeres Ausgangsniveau der Lebenszufriedenheit aufweisen (vgl. Esche 2017, S. 101).

Bei den psychischen Erkrankungen zeigt die Internationale Literatur, zusammengefasst in mehreren Metaanalysen, dass psychische Störungen bei langzeitarbeitslosen Menschen etwa doppelt so häufig auftreten wie bei Erwerbstätigen (vgl. Gündel u. a. 2014, S. 17).

Durch den Wegfall der manifesten und latenten Funktionen, wie Zeitstrukturierung, Sinngebung und soziales Eingebunden sein (vgl. Gündel 2014, S. 16), wird als Folge der Arbeitslosigkeit häufig beobachtet, dass sich die sozialen Kontakte vermindern und die Arbeitslosen sich selbst isolieren (vgl. Hollederer 2009, S. 27).

Weitere Untersuchungen haben folgende Erkranken der Langzeitarbeitslosen im psychischen Bereich festgestellt:

- Depression
- Angststörung
- Vereinsamung
- Verminderte Lebenszufriedenheit, die mit der Dauer der Arbeitslosigkeit weiter abnimmt

(vgl. Hardering 2017, o. S.).

Gleichzeitig kann aber auch der Partner als zusätzliche Last empfunden werden. Viele Untersuchungen haben Variablen, wie soziale Unterstützung von Partnern, Familienangehörigen, Freunden und anderen Personen einbezogen und dabei einen moderierenden Einfluss hinsichtlich der negativen Effekte der Arbeitslosigkeit auf das psychische Befinden festgestellt (vgl. Hollederer 2009, S. 26).

5 Resümee

Zusammenfassend kann man sagen, dass der Verlust des Arbeitsplatzes und der Verbleib in der Arbeitslosigkeit nicht nur Auswirkungen für die Einkommenssituation und den Lebensstandard hat, sondern auch mit psychischen Belastungen und einer Verminderung des Selbstwerts verbunden ist.

Wie der Sozialwissenschaftler Kurt Lewin die Zwiespältigkeit der geprägten Bilder der zwei Gesichter der Arbeit beschreibt, ist Arbeit einerseits Mühe, Zwang und Mittel zum Zweck und andererseits ist die Arbeit für den Menschen wichtig, da sie dem Leben Sinn und Bedeutung, gesellschaftliche Teilhabe und soziale Anerkennung bietet (vgl. Hardering 2017, o. S.). All das fällt mit der Arbeitslosigkeit weg. Viele Menschen können damit nicht umgehen und rutschen so in psychische Störungen.

Trotz der Häufung gesundheitlicher Risiken durch die Arbeitslosigkeit wird die Teilnahme an „Interventionsprogrammen zur Förderung der psychosozialen Gesundheit" (Hollederer 2009a, S. 27) nur vermindert wahrgenommen, obwohl es laut den Studien von Otto und Mohr die psychische Gesundheit und auch die Wiedervermittlungsquote der Teilnehmer verbessert (vgl. Hollederer 2009b, S. 27).

6 Literaturverzeichnis

Esche, Friederike (2017): Die Folgen der Arbeitslosigkeit für Partnerschaften, Wiesbaden: Springer Verlag

Gündel, Harald/Glaser, Jürgen/Angerer, Peter (2014): Arbeiten und gesund bleiben, Berlin Heidelberg: Springer Verlag

Hollederer, Alfons (2011): Erwerbslosigkeit, Gesundheit und Präventionspotenziale, Wiesbaden: Springer Verlag

Klein, Markus (2003): Gibt es die Generation Golf?. Soziologie und Sozialpsychologie, 55 (1), S. 99-115 (aus e-book)

Hollederer, Alfons (2009): „Gesundheit von Arbeitslosen fördern!" Ein Handbuch für Wissenschaft und Praxis, Frankfurt am Main: Fachhochschulverlag

Hardering, Fredericke (2017): Die Suche nach dem Sinn: Zur Zukunft der Arbeit, http://www.bpb.de/apuz/250657/die-suche-nach-dem-sinn-zur-zukunft-der-arbeit#footnode1-1/(Zugriff am: 30.11.2018)

Lampert, Thomas/Kuntz, Benjamin/Hoebel, Jens/Müters, Stephan (2018): Arbeitslosigkeit und Gesundheit, http://www.bpb.de/nachschlagen/datenreport-2018/gesundheit-und-soziale-sicherung/278407/arbeitslosigkeit-und-gesundheit/(Zugriff am 30.11.2018)

Egger/Wohlschläger/Konnaris/Osterode/Wolf (2006): Arbeitslosigkeit als Risikofaktor für die physische und psychische Gesundheit, https://www.ergomed.de/sonstiges/arbeitslosigkeit-als-risikofaktor-fuer-die-physische-und-psychische-gesundheit-2/)/(Zugriff am 04.12.2018)

Bundesagentur für Arbeit (2016): Arbeitslosigkeit, https://statistik.arbeitsagentur.de/Navigation/Statistik/Grundlagen/Arbeitslosigkeit-Unterbeschaeftigung/Arbeitslosigkeit-Nav.html/(Zugriff am 04.12.2018)

Bundesagentur für Arbeit (2018): Glossar der Statistik der BA, https://statistik.arbeitsagentur.de/Statischer-Content/Grundlagen/Glossare/Generische-Publikationen/Gesamtglossar.pdf/(Zugriff am: 04.12.2018)

Bundesagentur für Arbeit (o. J.): Anspruch, Höhe, Dauer – Arbeitslosengeld, https://www.arbeitsagentur.de/arbeitslos-arbeit-finden/anspruch-hoehe-dauer-arbeitslosengeld/(Zugriff am: 05.12.2018)

Bundesagentur für Arbeit (o. J.): Anspruch, Höhe, Dauer – Arbeitslosengeld II, https://www.arbeitsagentur.de/arbeitslos-arbeit-finden/anspruch-hoehe-dauer-arbeitslosengeld-2/(Zugriff am: 05.12.2018)

Ebermann, David/Plath, Alexandra (2018): Psychische Störungen, https://www.coaching-report.de/lexikon/psychische-stoerung.html/(Zugriff am: 06.12.2018)

Statista (zit. aus Bundesagentur für Arbeit) (2018): Arbeitslosenquote in Deutschland von November 2017 bis November 2018, https://de.statista.com/statistik/daten/studie/1239/umfrage/aktuelle-arbeitslosenquote-in-deutschland-monatsdurchschnittswerte//(Zugriff am: 07.12.2018)